JULIUS FORSCHT
AM MEER
FORSCHEN, ENTDECKEN, BASTELN

Michael König

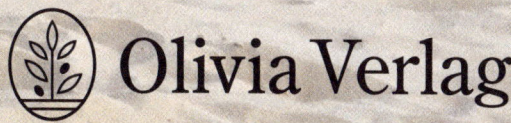

Olivia Verlag

INHALT

MOIN MOIN

Julius liebt das Meer. Jedes Jahr verbringt er mit seiner Familie drei Wochen in den Ferien auf der Nordseeinsel Norderney. Letztes Jahr besuchte er seinen Onkel Dennis in Rostock und schaute sich an der Ostsee die Seebäder Kühlungsborn, Warnemünde und Markgrafenheide an. Was ihm direkt auffiel: Der Tidenhub – der Unterschied des Meeresspiegels zwischen Hochwasser (Flut) und Niedrigwasser (Ebbe) – ist an der Ostsee viel geringer als an der Nordsee. Wieso unterscheiden sich beide Meere, obwohl sie fast nebeneinander liegen? Warum gibt es überhaupt Ebbe und Flut? Und wo fließt das Wasser bei Ebbe hin?

Solche Fragen beschäftigen Julius, er will alles genau verstehen. Dabei reicht es ihm nicht, die Dinge erklärt zu bekommen, sondern er will sie auch selber entdecken. Und als großer Fan von DIY (Do-it-yourself = Selbstgemachtes) bastelt er gerne. Bist du auch so neugierig und probierst gern Dinge selbst aus? Dann folge Julius auf seiner Entdeckungsreise ans Meer.

In der Schule hat Julius gelernt, dass Meerwasser salzig ist und wir auf Dauer nicht davon leben können. Unser Körper braucht zwar Salz, aber zu viel davon ist giftig. Ohne Trinkwasservorräte würde man auf hoher See verdursten. Julius hält den Finger in die Brandung und leckt dran: salzig. Mit zwei Glasschüsseln, etwas Frischhaltefolie und einem Stein versucht er, aus Salzwasser Süßwasser zu gewinnen. Das Experiment klappt!

Die Tiere und Pflanzen an der deutschen Küste haben sich auf das salzige Meerwasser eingestellt. Möwen können es sogar trinken. Einige Pflanzen filtern das Salz aus dem Wasser heraus, wie etwa der Queller, den man in den Salzwiesen findet. Julius probiert einen grünen Stängel, schließlich wird er ja auch „Meeresspargel" genannt. Schmeckt gar nicht so schlecht.

Wellen gibt es am Meer genug. Aber wie entstehen sie? Auf seiner Forschertour landet Julius bei den Surfern, die auf den Wellen reiten. Alles was du über die coolen Typen mit ihren Boards wissen musst, hat Julius herausgefunden: Ausrüstung, Board Guide, Anfängertipps, Rekorde. Julius

will die Wellen mit nach Hause nehmen und bastelt sich ein „Wellenbrecher-Glas". Das kann er aus dem Regal nehmen, wenn ihn die Sehnsucht nach der Nordsee packt.

Neben dem Meer gibt es an der deutschen Küste auch stets eine „steife Brise". Julius forscht, wie der Wind entsteht und wie man ihn nutzt. Früher hat der Müller sein Getreide mit Windmühlen gemahlen, heute stehen Windräder im Meer und erzeugen Strom aus der Kraft der Winde auf offener See. Die Möwen gleiten und segeln im Wind. Und weil Fliegen so viel Spaß macht, üben es die Kite-Surfer mit ihren großen, bunten Schirmen. Wer es gut kann, schafft Sprünge bis zu 40 Meter weit und zehn Meter hoch. Den Wind zu erleben, weckt Julius' Bastelfreude: Er baut seinen eigenen Drachen und zeigt dir Schritt für Schritt, wie es geht.

Auch am Strand gibt es jede Menge zu erforschen. Julius fragt sich, wo der Sand herkommt, aus was er besteht und warum er manchmal unter den Füßen quietscht. Er beobachtet, wie Schiffe Sand vom Meeresboden ansaugen und durch dicke Rohre an den Strand spülen. Da die Meeresströmung den Sand kontinuierlich abträgt, würde die gesamte Insel irgendwann überflutet werden. Durch das Strandaufspülen wird der abgetragene Sand wieder aufgefüllt, sodass die Küste wieder gegen die Angriffe des Meeres geschützt ist.

Und dann macht Julius eine Strandwanderung und sammelt zwei Arme voll Strandgut auf. Den Abfall wirft er in die Müllboxen am Strand. Aus den Muscheln, dem Segeltau und dem Treibholz bastelt er Ketten, Armbänder und Schlüsselanhänger. Die DIY-Anleitungen findest du im Buch.

Bei einem Ausflug in die Dünen lernt Julius, wie aus einer kleinen Muschel eine meterhohe Düne entstehen kann. Auf der Insel Sylt gibt es sogar eine Düne, die jedes Jahr drei bis vier Meter wandert. In diesen sandigen Landschaften wachsen besondere Pflanzen wie Hagebutten, Strandflieder, Strandhafer und der Sanddorn mit den orangenen Früchten, aus denen man Nektar und Marmelade machen kann. Das will Julius unbedingt ausprobieren und legt zu Hause in München ein Sanddornbeet an.

Ein besonderer Spaß ist es, bis zu den Knien im Schlick zu waten. Dabei kann es unter den Füßen schon mal kitzeln, denn im Watt herrscht ein reges Treiben von Würmern, Muscheln, Schnecken und Krebsen. Und die wollen erforscht werden. Julius nimmt einen Krebs auf die Hand und beobachtet, wie er seitlich geht. Anders kann er sich mit seinen acht Beinen gar nicht fortbewegen. Und da das Watt sehr reich an wichtigen Mineralstoffen ist, hat sich Julius ein spezielles DIY ausgedacht: eine Gesichtsmaske aus Schlick. Da freut sich nicht nur seine Schwester …

Viel Spaß beim Forschen, Entdecken und Basteln am Meer!

Dein Michael

FORSCHEN

ENTDECKEN

BASTELN

5

NATUR-GEWALT WASSER

70 Prozent der Erde sind von Meeren bedeckt. Das ist ein riesiger Lebensraum für Tiere und Pflanzen. Dabei ist das Wasser salzig und kann für uns Menschen sogar lebensbedrohlich sein. Meeresanwohner wie etwa die Robben, Möwen und Austernfischer haben sich aber perfekt darauf eingestellt.

Auch wenn du an der deutschen Küste schon einmal richtige Stürme und hohen Wellengang erlebt hast, sind unsere Meere eher klein im Vergleich zum Atlantischen Ozean. Dieser ist im Durchschnitt über drei Kilometer tief, während es die Nordsee auf 94 Meter und die Ostsee nur auf 52 Meter schafft. Trotzdem ist da eine Menge los!

MEERWASSER ...

Badehose an und rein ins Wasser! Du bist aktiv und an der frischen Luft. Und die Schwerelosigkeit des Wassers mit dem Wellengang gibt dir das Gefühl von Freiheit.

Neben Windsurfen, Kiten, Stand-up-Paddeln und Kajakfahren kann man im Meer tauchen, schnorcheln und natürlich auch einfach nur schwimmen. Besonders hat Julius das Surfen (ohne Brett und Segel) begeistert. Falls du auch Lust darauf hast, lies dir seine Tipps für „Die perfekte Welle" durch.

... IST LEBENSRAUM

Ebbe und Flut und Ebbe und ... Alle sechs Stunden steigt der Meeresspiegel und senkt sich dann wieder. Die Menschen, Tiere und Pflanzen haben sich an diese Gezeiten angepasst.

Seehunde sind die Promis unter den Küstenbewohnern. Julius erforscht, warum sie so lange tauchen können und die Jungtiere „Heuler" genannt werden.

Neben den Seehunden leben im Meer zahlreiche Fischarten. Julius zeigt dir, welchen Schaden wir beim Fischen mit großen Fangnetzen anrichten.

... IST GEFÄHRLICH

Jedes Jahr verunglücken Menschen in der Nord- und Ostsee. Schuld sind Unterwasserströmungen, Wetterumschwünge und die fehlende Achtsamkeit der Menschen.

Die Seenotrettung ist stets in Bereitschaft und fährt mit ihren Rettungsbooten raus aufs Meer. Am Strand passen die Strandwächter auf.

Wenn Unwetter toben und das Meer durch starke Stürme aufgewühlt wird, sind das Sturmfluten. Schutz gegen das hereindrängende Meer bieten den Menschen an Land vor allem Deiche, Dämme und Schleusen.

... IST SALZIG

Durch die Verbindung zum Atlantik hat die Nordsee einen hohen Salzgehalt von 3,5 Prozent. Die Ostsee ist ein Binnenmeer, ihr Salzgehalt liegt bei nur 0,3 Prozent.

Der salzige Geschmack kommt von dem Stoff Natriumchlorid, aus dem auch Speisesalz besteht. Im gesamten Meerwasser stecken 26.000 Millionen Tonnen davon. Das sind zwei gehäufte Teelöffel Salz pro Liter Wasser.

Es ist der an sich nicht salzige Regen, der das Meerwasser salzig macht. Er spült Salze aus dem Gestein der Gebirge, die über Bäche und Flüsse ins Meer gelangen.

WIE WILDE WELLEN WACHSEN

Wenn der Wind über das Meer weht, bewegt er einzelne Wasserteilchen an der Oberfläche. Diese schieben andere Teilchen vor sich her, bis eine Welle entsteht. Erreicht der Wellenberg eine gewisse Höhe, bricht die Welle, das heißt der Wellenkamm wird von der Schwerkraft in das vor der Welle liegende Wellental gezogen. Dabei entstehen Schaumkronen.

Die Meeresströmung wird durch Buhnen, Steinblöcke und sonstige Hindernisse am Meeresboden gebremst. Der untere Teil der Wellen wird dadurch langsamer, der obere Teil rollt ungebremst weiter. Das ist so, als wenn dir einer im Lauf die Beine wegzieht. Da dein Oberkörper im Schwung ist, kippt er nach vorne weg – wie eine Welle.

KAMM

BERG

TAL

EUROPAS HÖCHSTE WELLEN

Die portugiesische Stadt Nazaré ist ein spektakulärer Surfspot mit einer der größten surfbaren Wellen der Welt. Die Wellen erreichen Höhen von über 20 Metern. Dies ist ungewöhnlich, lässt sich aber anhand der besonderen Beschaffenheit der Küste erklären.

Vor der Küste befindet sich der Nazaré Canyon, eine über 230 Kilometer lange Meeresschlucht mit einer Tiefe von bis zu fünf Kilometern. Kurz vor dem Strand endet der Canyon, das Gefälle an der Küste ist also sehr hoch. Hinzu kommt eine Wasserströmung, die entlang des Strandes in das Meer gelenkt wird. Beides zusammen vergrößert die vom Atlantik kommenden, hohen Wellen.

DIE PERFEKTE WELLE

AUSRÜSTUNG

- Surfbrett aus Kunststoff oder Holz
- Schutzhülle für das Board
- Wachs für mehr Rutschfestigkeit auf dem Board
- Leine zwischen Board und Surfer
- Anzug aus Neopren gegen Kälte
- Wasserfeste Sonnencreme

SURF BOARD GUIDE

FISH   SHORT   FUN   LONG   GUN

- Fish: kurz, breit, viel Volumen – ideal für kleine Wellen
- Short: sehr wendig und schnell – für geübte Surfer
- Fun: stabil, großvolumig, Schaumstoffoberfläche – für Einsteiger
- Long: lang, breit, schwer zu manövrieren – für geübte Surfer
- Gun: sehr lang, schmal mit viel Volumen – nur für Profis

WUSSTEST DU, DASS ...

... Surfen bei der Olympiade 2020 in Tokio erstmals ausgetragen wird?
... der Ursprung des Surfens in der Südsee liegt? Vor mehr als 1.000 Jahren haben die Polynesier die Wellen ohne Hilfsmittel nur mit ihrem Körper abgeglitten (Body Surfen).
... in Portugal, Spanien und Frankreich die besten Surfspots Europas sind?
... 1966 auf Sylt der erste deutsche Surfclub gegründet wurde?
... es in München eine halbmeterhohe stehende Welle („Eisbach-Welle") gibt, auf der Surfer tags und nachts reiten?

TIPPS FÜR ANFÄNGER

- Starte an einem einfachen Surfspot an der deutschen Küste.
- Melde dich bei einer Surfschule an.
- Gehe nie allein und nur bei Niedrigwasser mit auflaufender Flut ins Meer.
- Habe Geduld und freue dich über kleine Fortschritte.

- Die höchste Welle hat der Brasilianer Rodrigo Koxa im portugiesischen Nazaré geritten: 24,38 Meter.
- Den längsten Ride schaffte Gary Saavedra: 4 Stunden auf einer Welle im Panama-kanal, die ein Motorboot vor ihm erzeugte.
- Der schnellste Surfer ist der Franzose Antoine Albeau mit 91 km/h.

WARUM DAS MEER VERSCHW

Alle sechs Stunden und zwölf Minuten wechseln sich Ebbe und Flut ab, das Meer verschwindet an der Küste und kommt zurück. Aber wohin geht das Wasser? Es wird vom Mond angezogen.

NORDERNEYER NORDSTRAND BEi FLUT

JULiUS BEi FLUT

FLUT

Während sich der Mond um die Erde dreht, bringt er durch seine Anziehungskraft das Wasser in Bewegung. Es entsteht ein Flutberg, den er wie ein Magnet hinter sich herzieht. Da sich die Erde auch um sich selbst dreht, und zwar schneller als der Mond, setzt sie den Flutberg in Bewegung und drückt ihn an die Küsten. Das Wasser läuft auf die Küste zu.

ERDANZIEHUNGSKRAFT

FLiEH-KRAFT

ANZiEHUNGS-KRAFT

ERDUMLAUFBAHN

MOND

NDET

NORDERNEYER NORDSTRAND BEI EBBE

JULIUS BEI EBBE

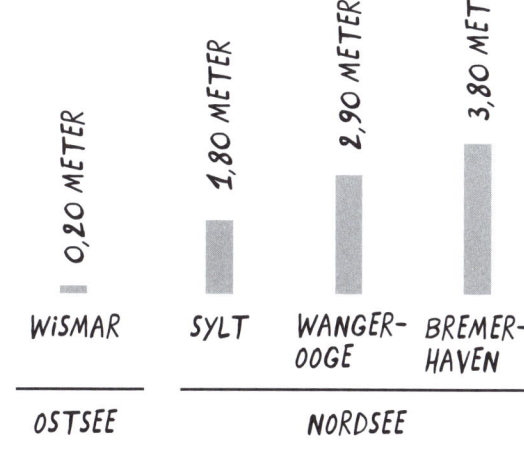

EBBE

Auf der gegenüberliegenden Seite der Erde, ist die Kraft des Mondes nicht mehr so stark. Hier sorgen die Fliehkräfte der Erde für einen zweiten Flutberg, der das Wasser in die andere Richtung bewegt (wie bei einer Umdrehung im Karussell). Das Wasser läuft von der Küste wieder ab.

TIDENHUB

Der Tidenhub ist der Unterschied des Meeresspiegels zwischen Hochwasser (Flut) und Niedrigwasser (Ebbe). Im Schnitt liegt der Tidenhub an der Nordsee bei 2,90 Meter, an der Ostsee bei 20 Zentimeter. Der Unterschied liegt im Zugang zum Atlantischen Ozean, der bei Flut die Wassermassen bringt. Die Nordsee hat eine sehr breite Öffnung zum Atlantik, die Ostsee dagegen ist nur zwischen Dänemark und Schweden mit der Nordsee verbunden – sie ist fast ein Binnenmeer. Den stärksten Tidenhub gibt es an der kanadischen Ostküste in der Fundy Bay mit 14 Metern.

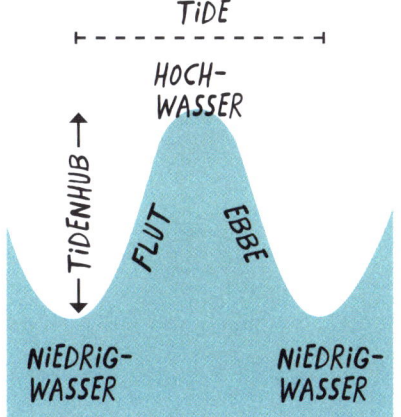

TIDE

HOCH-WASSER

TIDENHUB

FLUT — EBBE

NIEDRIG-WASSER — NIEDRIG-WASSER

14,00 METER

3,80 METER

2,90 METER

1,80 METER

0,20 METER

WISMAR	SYLT	WANGER-OOGE	BREMER-HAVEN	FUNDY BAY
OSTSEE	NORDSEE			ATLANTIK

PROFITAUCHER

Seehunde sind von der Küste nicht wegzudenken. Häufig sehen wir sie auf der Fährfahrt zur Urlaubsinsel faul in der Sonne auf einer Sandbank herumliegen. Von wegen faul! Dass sie sich sonnen, hat einen guten Grund: Ihre Körper produzieren dabei Vitamin D, das sie für ihren jährlichen Fellwechsel brauchen.

Wasser ist ihr Element: Seehunde sind exzellente Schwimmer und können bis zu 200 Meter tief tauchen. Dabei bleiben sie bis zu 30 Minuten unter Wasser. Möglich ist das, weil sie beim Tauchen ihren Herzschlag von 60 auf unter zehn Schläge pro Minute verringern und dadurch weniger Sauerstoff benötigen. An Land schlägt das Herz dann ganz normal und versorgt die Organe wieder mit Sauerstoff.

Damit ihnen unter Wasser nicht zu kalt wird, haben Seehunde unterhalb der Haut eine etwa fünf Zentimeter dicke Fettschicht. Sie dient auch als Nährstoffspeicher und gibt ihnen im Wasser Auftrieb. Außerdem können sie beim Tauchen ihre Nasenlöcher und Ohröffnungen verschließen.

Die Jungtiere kommen im Frühling auf die Welt und werden sechs Wochen lang gesäugt. Da sie von Geburt an schwimmen können, lernen sie schnell, selbst Fische zu fangen. Werden sie von ihrer Mutter während der Stillzeit alleingelassen, hört man sie von Weitem nach ihnen rufen, was wie ein Heulen klingt. Deshalb werden sie auch „Heuler" genannt. Aber nicht jeder Heuler ist in Not und muss in einer Seehundstation aufgezogen werden. Wenn du einen Seehund in gekrümmter „Bananenstellung" siehst, mach dir keine Sorgen: Er ist entspannt.

KEGELROBBE

Die Kegelrobbe kann tiefer (300 Meter) und schneller (30 km/h) tauchen als der Seehund und ist mit 330 Kilogramm Gewicht und 2,30 Meter Länge das größte Raubtier Deutschlands. Pro Tag frisst eine Kegelrobbe 10 Kilogramm Fisch. Ihren Namen verdankt sie ihrer kegelförmigen Kopfform.

ROBBENJAGD

Durch den industriellen Fischfang ab Mitte des 19. Jahrhunderts nahmen die Bestände der Fischarten schnell ab. Die Seehunde galten als Plünderer des Meeres, weil sie den Menschen den Fisch wegfraßen, und wurden gejagt. Zwischen 1886 und 1927 wurden alleine in der Ostsee über 350.000 Robben getötet. Seit den 1970er-Jahren ist die Robbenjagd verboten und der Bestand an Seehunden erholt sich langsam. Im Juni 2018 zählte man im norddeutschen Wattenmeer 9.300 Seehunde.

NACHHALTIGER FISCHFANG

Fisch ist als Nahrungsmittel sehr beliebt. Alleine in Deutschland isst eine Person 14 Kilogramm Fisch pro Jahr. Um die Nachfrage zu befriedigen, sind große Boote mit riesigen Netzen auf See. Trotz vorgeschriebener Regelungen zu Maximalmengen und Fangverboten sind bereits 30 Prozent der Fischbestände weltweit überfischt, das heißt es werden dauerhaft mehr Fische gefangen als nachwachsen oder zuwandern.

MSC-ZERTIFIKAT

Wer Fisch aus nachhaltigem Fang möchte, sollte beim Einkauf auf das MSC-Zertifikat achten. Dies erhalten nur solche Fischereien, die

- ihren Bestand so befischen, dass er in einem guten Zustand bleibt. Man darf keine vom Aussterben bedrohten Fischarten fangen.
- wenig auf das Ökosystem Meer einwirken. So soll der Beifang – also die Fische und Meerestiere, die zwar im Netz landen, die man aber nicht fangen wollte – minimiert werden.
- ihr Management, das heißt die Art, wie sie ihr Geschäft führen, auf eine nachhaltige Befischung ausgerichtet haben.

ALASKA-SEELACHS

Jedes dritte Fischgericht besteht aus Alaska-Seelachs. Du kennst ihn paniert als Fischstäbchen.

Er lebt in mittleren Tiefen und wird mit pelagischen Schleppnetzen, die den Boden nur selten berühren, gezielt gefangen.

HERING

Der Hering wird wegen seiner Schuppen „Silber des Meeres" genannt und lebt in mittleren Tiefen in Schwärmen mit bis zu einer Million Fischen.

Auch er wird gezielt im freien Wasser mit pelagischen Netzen gefangen.

JE WENIGER ANDERE MEERESTIERE UND JUNGFISCHE INS NETZ GERATEN, DESTO NACHHALTIGER IST DIE FISCHEREI.

WENIG BEIFANG BEDEUTET NACHHALTIGES FISCHEN

— 1 : 0,01 —   — 1 : 0,1 —

Super! Bei hundert Seelachsen landet nur ein anderer Fisch im Netz.

SCHOLLE

Die Scholle ist platt, kann ihre Farbe dem Untergrund anpassen und mit ihren Augen in unterschiedliche Richtungen schauen.

Gefangen wird sie mit Grundschleppnetzen, die über den Meeresboden gezogen werden.

SEEZUNGE

Die Seezunge ist einer der begehrtesten und teuersten Fische.

Als Plattfisch lebt sie wie die Scholle auf dem Meeresboden und wird mit Grundschleppnetzen häufig als Beifang beim Schollenfischen gefangen.

GARNELE

Tags buddelt sich die Garnele in den Sand ein, nachts jagt sie kleine Würmer und Fischlarven. Sie hat über 20 Beine, mit denen sie Nahrung greifen, sich putzen, gehen und schwimmen kann.

Auch wenn die Garnele ihre Körperfarbe dem Boden

PULE DEINE KRABBEN SELBST

Nordseekrabben haben oft bis zu 3.000 Kilometer Transport hinter sich, bevor sie auf dem Brötchen landen. Das Pulen ist in Deutschland zu teuer, weshalb es in Billiglohnländern wie Polen, Weißrussland und Marokko gemacht wird.

anpassen kann, ist sie nicht vor den Krabbenkuttern mit deren Grundschleppnetzen geschützt. Dabei wird das Ökosystem stark geschädigt.

1:1 ——— 1:6 ——— 1:9 ⟶

Nicht gut! Im Netz sind genauso viele Schollen wie Krebse, Weichtiere und andere Fische.

Sofort stoppen! Du fischst Garnelen und die 9-fache Menge anderer Tiere landet im Netz.

GLIBBERZEUG

Quallen gibt es schon seit 600 Millionen Jahren, sie waren lange vor den Dinosauriern da. Ihr Überlebensrezept? Sie sind glibberig! Sie bestehen zu mindestens 97 Prozent aus Wasser in Form einer glibberigen Gallertmasse, die sich zwischen ihrer Außen- und Innenhaut befindet.

Sie haben kein Gehirn, keine Muskeln, kein Herz und kein Blut. Würde man sie durch ein Sieb streichen, würden die Einzelteile wieder zusammenwachsen. Quallen sind quasi unzerstörbar. Dies ist kein Experiment – nicht nachmachen!

AUF DER JAGD MIT STILETT

Obwohl sie harmlos aussehen, sind Quallen echte Räuber. Erst lähmen sie ihre Opfer (kleine Krebse, Fischlarven und andere Quallen) mit einem Gift, das sie in den Nesselzellen an ihren Fangarmen haben. Dann schieben sie ihre Beute mit den Armen in ihren Mund und verdauen sie in ihrem Magen.

Die Betäubung geht in Sekundenschnelle:
1. Berührt die Tentakel die Haut eines Opfers, wird die nur 0,05 Millimeter große Nesselzelle gereizt.
2. Sie platzt und schießt in 2 Millisekunden (50-fache Geschwindigkeit einer Gewehrkugel!) ihr Stilett in die Haut des Opfers.
3. Vom Stilett geführt wird der Giftfaden in die Haut gedrückt.
4. Der Faden ist komplett ausgefahren, das Opfer durch das Gift gelähmt.

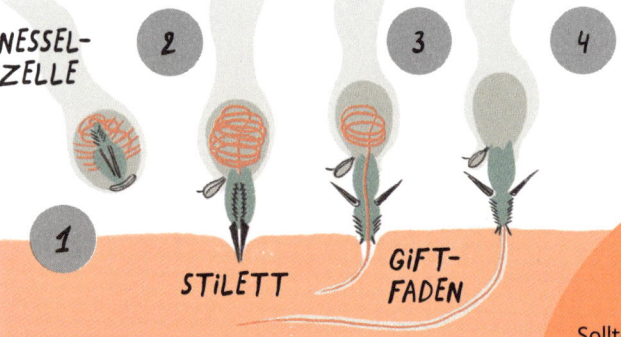

NESSEL-ZELLE 1 2 3 4 STILETT GIFT-FADEN

QUALLENARTEN

OHRENQUALLE

Sie verdankt ihren Namen den vier Ringen in ihrem Schirm, die man früher für Ohren hielt – es sind ihre Fortpflanzungsorgane. Ohrenquallen sind an Ost- und Nordsee weit verbreitet und völlig ungefährlich. Man bezeichnet sie auch als „Schönheit der Meere".

TIPP BEI QUALLENBRAND

Solltest du aus Versehen eine Feuerqualle angefasst haben, spüle die Hautstelle mit Meerwasser und wärme sie danach. Reiben, Kratzen oder Draufhauen bringt nichts, das öffnet nur weitere Nesselkapseln ...

BLAUE NESSELQUALLE

Sie ähnelt der Feuerqualle, ist jedoch kleiner, hat weniger Tentakel und ihr Gift schmerzt nicht ganz so stark wie das ihrer gelb-orangenen Verwandten.

KOMPASSQUALLE

Diese Qualle hat 16 V-förmige Streifen, die von der Mitte zum Rand laufen. Da diese Linien wie eine Windrose beim Kompass aussehen, hat man sie danach benannt.

FEUERQUALLE

Wegen ihrer Farbe und langen Tentakeln, die wie eine Löwenmähne aussehen, ist ihr eigentlicher Name „Gelbe Haarqualle". Wenn du mit ihr in Berührung kommst, brennt es auf der Haut wie Feuer.

GLIBBER-CHECK

Julius will wissen, wie glibberig sich eine Qualle anfühlt. Er findet am Strand eine Feuerqualle, die tot aussieht und hat Glück – sie nesselt nicht mehr.

Sei vorsichtig, falls du es ihm nachmachst. Auch abgerissene Tentakel können ihr Gift noch abschießen – und das kann sehr wehtun!

KÜSTENSCHUTZ

BUHNEN

Sie ragen als lange Dämme aus Steinen und Beton vom Strand ins Meer und schützen die Küste. Sie brechen die Wellen schon im Meer, bevor diese an den Strand kommen. Buhnen bremsen die Geschwindigkeit der Meeresströmung und schützen den Strand an den Küsten davor, von den Wellen weggespült zu werden.

DEICHE

Sie werden parallel zum Ufer angelegt und bestehen aus einem Sandkern mit getrocknetem Schlick drumherum. Zur Stabilisierung sind sie mit Gras bepflanzt. Schafe dürfen darauf weiden, da sie mit ihren Klauen den Boden festtreten und das Gras kurz halten.

DÜNEN NICHT BETRETEN!

Warum? Das erfährst du auf Seite 77.

LAHNUNGEN

Diese Holzpflockreihen umschließen Felder von 100 bis 200 Meter Breite. So entsteht neues Land im Uferbereich:

1. Durch Überflutungen lagern sich Rückstände ab (20 Zentimeter pro Jahr).
2. Nach einigen Jahren wachsen die ersten Pflanzen, vor allem Queller.
3. Schließlich entsteht eine Salzwiese.

DÜNEN

Sie sind viel höher und breiter als Deiche und halten als Wellenbrecher Sturmfluten stand. Damit der Sand nicht weggeweht wird, pflanzt man Gräser mit starken, meterlangen Wurzeln wie den Strandhafer an.

EINER STURMFLUT?

INSELN WANDERN

An der deutschen See kommt der Wind meistens aus Westen. Gemeinsam mit hochauflaufenden Wellen werden viele Tonnen Sand von Westen nach Osten getragen. Also würden sich Inseln verlagern, wenn man ihre Küsten nicht schützen würde. In der Grafik siehst du, wie sich eine Insel im Laufe der Jahrhunderte nach Osten ausdehnt.

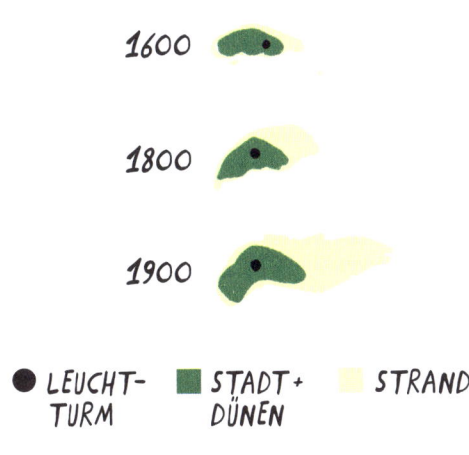

1600

1800

1900

● LEUCHT-
TURM

■ STADT +
DÜNEN

STRAND

SCHWERE STURMFLUTEN

- Im Januar 1362 trat die Zweite Marcellusflut drei Tage lang über die Deichkrone der deutschen Nordseeküste. Zehntausende Menschen ertranken.
- Im Februar 1962 forderte die Zweite Julianenflut 340 Tote an der Deutschen Bucht. In Hamburg erreichte das Hochwasser einen Pegelstand von 5,70 Meter über Normalnull.
- Der Orkan Xaver verwüstete im Dezember 2013 die Nord- und Ostfriesischen Inseln, zum Glück kam kein Mensch ums Leben.

DER MEERESSPIEGEL STEIGT JÄHRLICH UM 3 MILLIMETER

Das klingt gar nicht so schlimm, ist es aber. Denn durch die zunehmende Erderwärmung schmelzen die Eismassen an den Polen weiter und der Meeresspiegel steigt kontinuierlich an. Wenn wir nichts dagegen tun, könnte er sich bis 2100 um bis zu 2,38 Meter erhöhen. Viele Landstriche an der deutschen Küste wären dann überflutet.

Für die deutsche See bedeutet der Klimawandel eine Erhöhung der Sturmflutgefahr. Denn durch die Erderwärmung verstärken sich die Winde auf dem Meer und dadurch die Höhe und Geschwindigkeit der Wellen.

DAS MEERWASSER-EXPERIMENT
AUS SALZIG WIRD SÜSS

Trinkwasser ist lebensnotwendig für uns Menschen. In den Meeren steckt viel davon. Würde allerdings ein Schiffbrüchiger davon trinken, würde sein Körper austrocknen. Das liegt daran, dass die Nieren für das Ausfiltern von Giftstoffen über den Urin Süßwasser brauchen. Davon gibt es im Meerwasser zu wenig. Wie man das Salz aus dem Meerwasser rausbekommt, um daraus Trinkwasser zu machen, zeigt dir Julius.

DEN MÖWEN MACHT DAS SALZ NICHTS AUS ...

... sie können Meerwasser trinken! Ihr Körper filtert das Salz heraus und scheidet es über spezielle Drüsen, die über den Augen liegen, aus. Das sieht aus, als wenn die Möwe „Salztränen" weint.

1 WASSER AUS DEM MEER IN EINE FLASCHE ABFÜLLEN.

24

2 PROBIER MAL, WIE SALZIG ES SCHMECKT.

3 WASSER IN EINE GROßE SCHÜSSEL GIEßEN, EINE KLEINE SCHALE IN DIE MITTE STELLEN.

4 FOLIE ÜBER DIE SCHÜSSEL SPANNEN, MIT GUMMI FIXIEREN UND MIT STEIN IN DER MITTE BESCHWEREN.

5 NACH EINIGEN STUNDEN IN DER SONNE VERDUNSTET DAS WASSER, SAMMELT SICH AN DER FOLIE UND TROPFT IN DIE SCHALE.

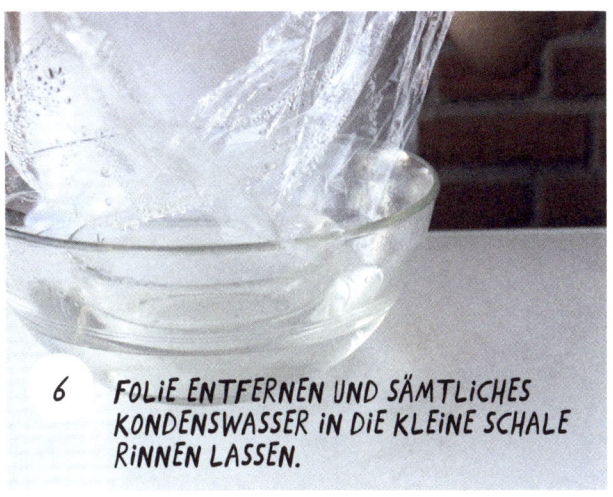

6 FOLIE ENTFERNEN UND SÄMTLICHES KONDENSWASSER IN DIE KLEINE SCHALE RINNEN LASSEN.

7 DAS ABTROPFWASSER IN DER SCHALE PROBIEREN – ES IST SÜß!

WASSER-DIY
SOUVENIRS MIT MEERWASSER SELBER MACHEN

WELLENBRECHER IM GLAS

HALTE DAS GLAS WAAGERECHT. WENN DU ES LANGSAM NACH RECHTS UND LINKS KIPPST, KANNST DU DEINE EIGENEN WELLEN ERZEUGEN.

WIE FUNKTIONIERT DAS?

Öl ist leichter als Wasser (es hat eine geringere Dichte) und schwimmt im Glas oben. Durch die unterschiedlichen Farben der Flüssigkeiten sieht man beim Kippen des Glases, wie eine Welle entsteht und bricht.

Gieße Meerwasser durch ein Sieb in ein Glas mit Schraubverschluss, bis das Glas halbvoll ist.

Fülle die zweite Hälfte des Glases mit Pflanzenöl auf – bis zum Rand.

Verschließe das Glas gut, damit beim Schütteln nichts heraustropft.

SCHÜTTELGLAS MIT ECHTEM MEERWASSER

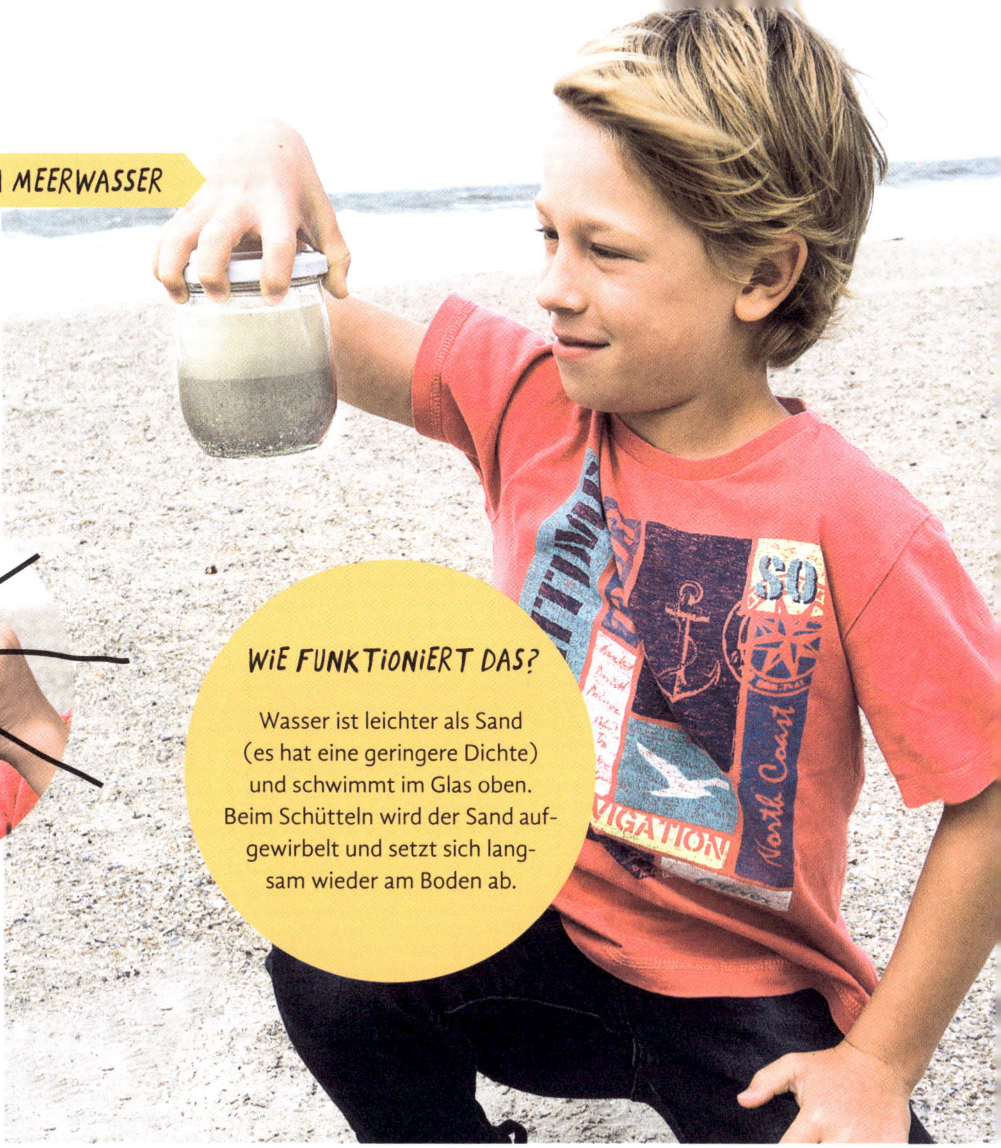

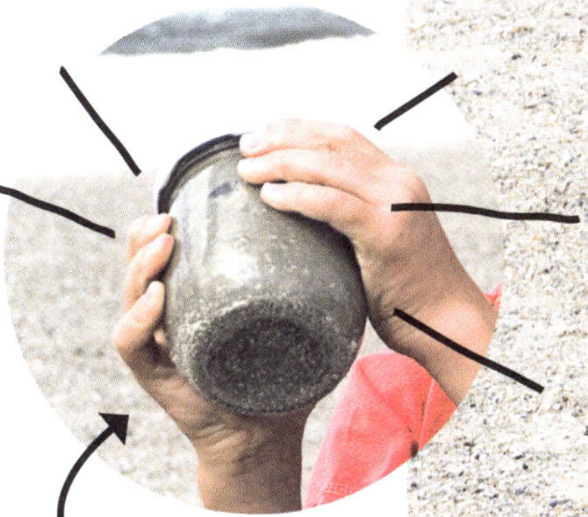

SCHÜTTELN, HINSTELLEN UND BEOBACHTEN, WIE SICH DER SAND AM BODEN ABSETZT.

WIE FUNKTIONIERT DAS?

Wasser ist leichter als Sand (es hat eine geringere Dichte) und schwimmt im Glas oben. Beim Schütteln wird der Sand aufgewirbelt und setzt sich langsam wieder am Boden ab.

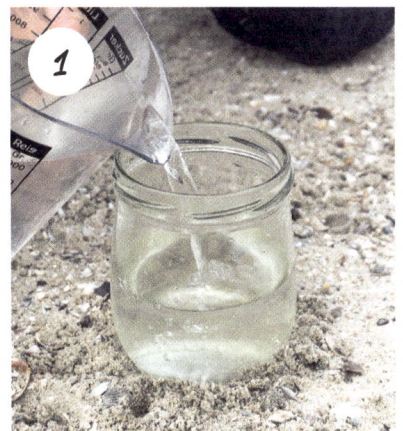

Fülle ein Glas mit Schraubverschluss zur Hälfte mit Meerwasser.

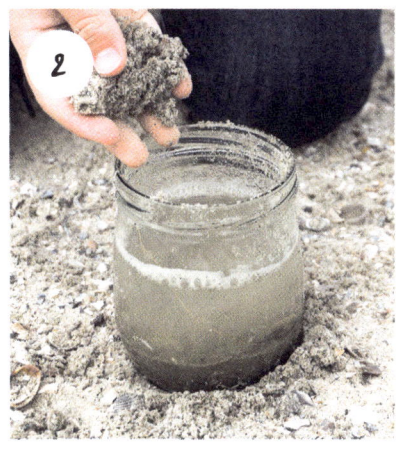

Streue Sand mit Muscheln ins Glas. Dabei einen Daumen breit bis zum Rand freilassen.

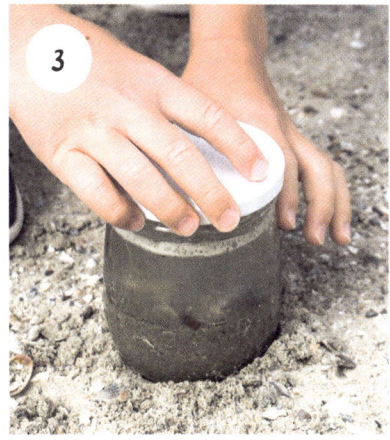

Verschließe das Glas gut.

WIND-VERGNÜGEN

An der See weht eine frische Brise, häufig auch ein ordentlicher Wind. Und den kann man nutzen! Die Möwen machen es uns vor: Sie gleiten durch die Lüfte. Die Kitesurfer haben sich das abgeschaut, halten ihre Segel in den Wind und springen 40 Meter weit. Aber auch große Windparks auf dem Meer nutzen diese Naturkraft und erzeugen mit ihren Windrädern jede Menge Strom.

Damit auch du hart am Wind segelst, führt Julius dich in das Drachenfliegen ein. Er gibt dir Tipps und Tricks, wie du deinen Drachen fliegen lassen kannst. Und das Beste: Er verrät dir, wie du einen eigenen Einleiner baust.

GANZ SCHÖN WINDIG AM M[...]

Meistens weht bei uns der Wind von West nach Ost. Am Meer gibt es noch zwei besondere Winde: tagsüber den auflandigen Wind (Seewind) und nachts den ablandigen Wind (Landwind). Julius erklärt, warum der Wind die Richtung ändert.

NACHTS DREHT SICH DER WIND

Tagsüber weht der Seewind vom Meer zum Strand. Nachts dreht sich der Kreislauf andersherum, da sich der Strand abends schneller abkühlt als das Meer. Die warme Luft über dem Meer steigt nach oben, kühlt dort ab und sinkt über dem Strand ab. Dieser Landwind weht vom Strand zum Meer.

DIE KRAFT DES WINDES NUTZEN

An der See geht immer Wind, weshalb die Menschen diese Energie nutzen. Früher haben die Müller mit Windmühlen das Getreide gemahlen. Heute findet man große Windparks auf dem Meer, zum Beispiel 15 Kilometer nordwestlich der Nordseeinsel Borkum den Park „Riffgat". Mithilfe seiner 30 Windräder kann er 120.000 Haushalte mit Strom versorgen.

Und nicht nur Segelboote lassen sich vom Wind treiben, auch einige Containerschiffe spannen ein bis zu 400 Quadratmeter großes Drachensegel auf. In 100 bis 300 Metern Höhe zieht das Segel das Schiff hinter sich her, dadurch kann bis zu ein Viertel des Kraftstoffs eingespart werden. Kleiner, aber nicht weniger effektvoll, funktionieren die Kitesegel beim Surfen.

WIE DER WIND ENTSTEHT

1

DIE SONNE ERWÄRMT DIE LUFT. DER STRAND WIRD SCHNELLER WARM ALS DAS MEERESWASSER. DIE WARME LUFT ÜBER DEM STRAND IST LEICHTER ALS KALTE LUFT UND STEIGT IN DEN HIMMEL.

WINDMÜHLE   WINDRÄDER

R

2 HIER OBEN IST ES KALT UND DIE WARME LUFT KÜHLT AB.

3 DIE KALTE LUFT ÜBER DEM MEER IST SCHWERER ALS WARME LUFT UND SINKT DESHALB AB.

4 DURCH DAS STEIGEN UND SINKEN DER LUFT ENTSTEHEN WINDE. TAGSÜBER WEHEN SIE VOM MEER ZUM STRAND.

Foto: © SkySails Group

SEGELBOOT

CONTAINERSCHIFF

KITESURFER

MÖWEN, DIE PERFEKTEN GL

Möwen nutzen den Wind an der See aus, um möglichst kräftesparend zu fliegen.
Beobachte sie dabei.

FLUGFORMEN

GLEITFLUG

Er ist äußerst energiesparend, weil
sich die Möwe mithilfe des Windes
fortbewegen kann, ohne mit den
Flügeln zu schlagen. Im Gleitflug
fliegt die Möwe gradlinig abwärts.

SEGELFLUG

Gleitet die Möwe durch aufwärts
strömende Luftmassen (Auftrieb),
segelt sie horizontal. Der Aufwind
gleicht den Höhenverlust beim
Gleiten aus.

RUDERFLUG

Die Möwe bewegt sich aus eigener
Muskelkraft (Vortrieb). Sie dreht
ihre Flügel ein wenig ein und bewegt sie wie Ruder durch die Luft.

MÖWENALLTAG

NEST BAUEN

ABHEBEN

KACKEN

**MÖWEN
NICHT FÜTTERN!**

Sie sind Allesfresser und
gewöhnen sich schnell an
Eis, Pommes und
Fischbrötchen.

BADEN

SONNEN

FUTTERN

TER IM WIND

STURMMÖWE

Sie ist sehr gesellig, hält sich gerne in Kolonien von bis zu 50 Paaren auf, manchmal auch mit über 1.000 Paaren. Sie kann sehr alt werden. In Dänemark ist eine 33 Jahre alte Sturmmöwe entdeckt worden.

LACHMÖWE

Sie ist mit knapp 40 Zentimeter Körperlänge und bis zu 1 Meter Flügelspannweite die kleinste Möwe. Die Forscher sind sich nicht einig, wo ihr Name herkommt:
- Die einen finden, dass ihr Rufen wie ein spöttisches Lachen („kriiärr" und „kik") klingt.
- Die anderen denken, er kommt von den Wasserlachen (Pfützen), in denen sie ihre Nahrung sucht.

MÖWENARTEN

MANTELMÖWE

Mit bis zu 80 Zentimeter Körpergröße und einer Flügelspannweite von bis zu 1,7 Meter ist sie die größte Möwe an der deutschen Küste. Entsprechend jagt sie auch andere Vögel und fängt Fische. Ihren Namen verdankt sie den dunklen Flügeln.

SILBERMÖWE

Wenn du an der Nord- oder Ostsee Urlaub machst, findest du sie leicht. Sie ernährt sich von Krebsen, Muscheln und Würmern. Damit sie sich im Watt und auch im Meer gut bewegen kann, hat sie Schwimmhäute zwischen den Zehen. Die Silbermöwe ist sehr „gesprächig":

- Hallo? Schaut mal her! → „kiu" oder „kiau"
- Alarm! → „ha-ha-ha" oder „gä-gä-gäg"
- Komm, wir fliegen 'ne Runde → „hau" oder „bau"
- Ich bin der Größte! → „aau aau au kjiiiau kjau kjau"
- Hab schlechte Laune → „huo-huo-huo"
- Lust auf Kuscheln? → „a-i"

STUNTMAN AUF DEN WELLE

LEBENSGEFAHR

Das Baden ist nur im bewachten Badefeld und nur während der offiziellen Badezeit erlaubt.

Staatsbad Norderney GmbH

Kitesurfzone →

Kitesurfzone vom 1. April – 31. Oktober ab 10 Uhr bis eine Stunde vor Sonnenuntergang

BASIC JUMP

EINFACHER SPRUNG OHNE ACHSDREHUNG, DER FUß BLEIBT IN DER BINDUNG.

WASSERSTART

KITE IN DEN WIND LENKEN UND DURCH DIE ZUGKRAFT AUS DEM WASSER ZIEHEN LASSEN.

Bist du schon einmal im Schwimmbad vom 10-Meter-Brett gesprungen? Ganz schön hoch, stimmt's?

Kitesurfer sind solche Höhen gewohnt. Sie hängen an ihrem Schirm, den sie wie einen Lenkdrachen steuern. Und wenn sie mit ihrem Board eine Welle richtig erwischen, können sie auch schon mal 40 Meter weit und zehn Meter hoch springen.

KITE: 9 BIS 12 QUADRATMETER GROSSER SCHIRM

20 BIS 30 METER LANGE LEINEN

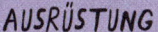

AUSRÜSTUNG

TRAPEZ FÜR DIE HÜFTE ZUR BEFESTIGUNG DER KITEBAR

KITEBAR VERBINDET TRAPEZ MIT LEINEN

BOARD MIT FUSSCHLAUFEN

REKORDE

Nick Jacobsen, 2017
28,6 Meter hoch gesprungen

Jessie Richman, 2007
22 Sekunden lang gesprungen

Alexandre Caizergues, 2017
107 km/h schnell gekitet

Rimas Kinka, 2011
24 Stunden lang gekitet

ALLES SO SCHÖN BUNT HIER

Am Meer gibt es viele Fahnen, schließlich weht da ja auch fast immer Wind. Aber im Gegensatz zu den Fähnchen, die du auf die Sandburg steckst, haben die meisten Fahnen an der Küste eine Bedeutung. Welche, das lernst du auf dieser Seite.

FLAGGENPARADE

Wer so alles am Strand ist, verraten die Flaggen: Deutsche, Engländer, Schweizer, Nordrhein-Westfalen, Niedersachsen, Hamburger und Ostfriesen.

WINDSACK

Er zeigt die Richtung und die Geschwindigkeit des Windes. Je stärker es weht, desto mehr ist der Sack „gefüllt". Liegt der Sack waagerecht im Wind, beträgt die Stärke 6 (45 km/h). Sind alle fünf Ringe aufgeblasen, und der Sack flattert, beträgt die Stärke 5 (35 km/h) – wie hier auf dem Bild. Knickt der Sack nach dem vierten Ring ab, beträgt die Stärke 4 (25 km/h) und so weiter. Man ermittelt die Windgeschwindigkeit anhand der Beaufortskala von 0 (Flaute) bis 12 (Orkan).

KLEINE FÄHNCHEN AM BADEFELD

Sie markieren die Abgrenzungen des Badefeldes. Oft sind sie an Pricken (Stämme junger Bäume) befestigt.

STRANDFLAGGE ROT

Der Badestrand ist nicht von Rettungsschwimmern bewacht, das Baden und Schwimmen ist verboten.

SCHIFFSBEFLAGGUNG

Flaggen verraten die Herkunft des Schiffes. Diese Fähre ist ein deutsches Schiff (schwarz/rot/gold), das der Reederei Norden-Frisia (schwarz/rot/blau) gehört und seinen Heimathafen in Norderney (schwarz/weiß/blau) hat.

STRANDFLAGGE ROT-GELB

Sie zeigt an, dass man am Badestrand baden darf, Rettungsschwimmer sind vor Ort.

FAHNE DER SEENOTRETTUNG

Diese weht am Strand und gehört zur Wasserwacht. Wenn ein Schiff Rettung braucht, rückt der Seenotrettungskreuzer mit seinem Schnellboot aus.

WETTERFAHNE

An der Küste weht der Wind meist aus Westen. Kommt er aus Norden, ist raues Wetter angesagt.

DAS KLEINE DRACHEN EINMALEINS

Drachen gibt es schon sehr lange. Die Chinesen haben im 5. Jahrhundert vor Christus die ersten Drachen aus Bambus und Seide gebaut. Da Seide sehr teuer war, durfte nur der Kaiser ihn steigen lassen. Wenn der Drachen hoch in den Wolken flog, wurde die Leine zerschnitten und der Drache dem Wind überlassen. Die Chinesen glaubten, dass mit dem Drachen alle Sorgen und Gefahren davonfliegen. Kaufleute brachten die Drachen im 16. Jahrhundert nach Europa.

Julius lässt am liebsten Lenkdrachen steigen. Er verrät dir seine besten Tipps und Tricks.

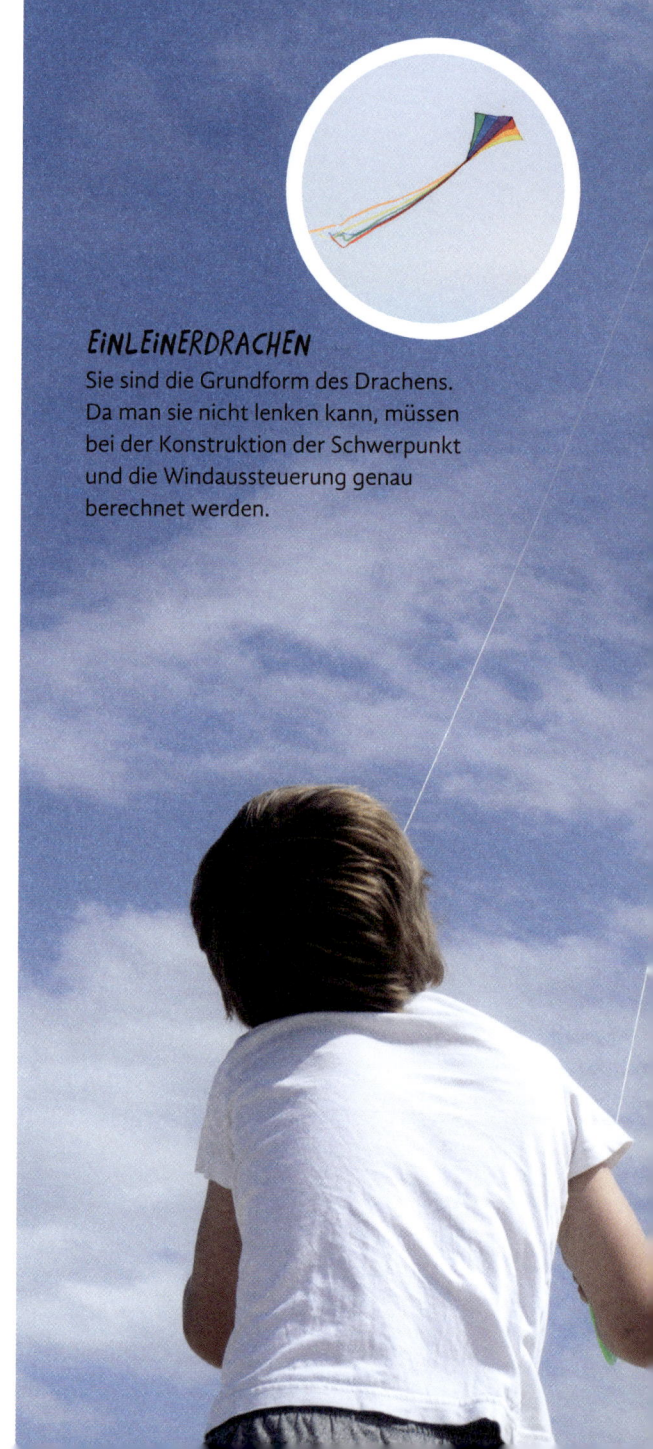

EINLEINERDRACHEN
Sie sind die Grundform des Drachens. Da man sie nicht lenken kann, müssen bei der Konstruktion der Schwerpunkt und die Windaussteuerung genau berechnet werden.

TIPPS FÜR ANFÄNGER

1 Suche eine freie Fläche am Strand in guter Entfernung zu Strandkörben, Spielplätzen, der Strandpromenade und anderen Drachenlenkern.

2 Lass dir beim Start des Drachensteigens von jemandem helfen.

3 Versuche den Drachen erst ruhig in der Luft zu halten, bevor du wilde Manöver machst.

4 Durch das Ziehen an einer Leine steuerst du den Lenkdrachen. Übe erst das seitliche Lenken und beobachte, wie der Drache sich außerhalb des Windbereiches verhält.

5 Für einen Looping (360-Grad-Drehung) ziehe so lange an einer Leine, bis der Drache wieder in der Ausgangsposition steht.

6 Bei zu starkem Wind, Regen oder einem Gewitter solltest du den Drachen landen und gut verstauen.

LENKDRACHEN

Sie haben zwei Leinen, die mit den Enden des Drachens verbunden sind. Zieht man an einer, macht der Drache einen Looping. Je nach der Länge der Leinen sind bis zu 15 Loopings in Folge möglich.

DRACHENGESPANN

Ein Gespann besteht aus mehreren hintereinander gekoppelten Lenkdrachen. Das sieht schön aus und erfordert Kraft beim Halten. Der aktuelle Weltrekord liegt bei 301 Drachen, aufgestellt 2010 in Sankt Peter-Ording.

LENKMATTEN

Sie haben keine Stäbe, bestehen nur aus Gewebe und Leinen. Wenn der Wind bläst, füllen sich die Kammern mit Luft und die Matte liegt stabil in der Luft – und fliegt sehr schnell!

TRICKS FÜR PROFIS

1 Achte beim Start auf die richtige Ausrichtung des Drachens zum Wind. Die Flaggen am Strand zeigen dir die Windrichtung an.

2 Kick-Start: Lege den Drachen auf den Sand, gehe ein paar Schritte rückwärts und wickele die Leine von den Spulen. Stelle dich breitbeinig hin und ziehe erst ganz leicht und dann kräftig, damit sich der Drache neigt und vom Wind erfasst wird. Halte die Leine auf Spannung, beim Lenkdrachen manövriere im Wechsel nach links und rechts.

3 Wenn du bei einem Looping zu lange an einer Leine gezogen hast, hänge einfach noch einen zweiten Looping dran und verhindere so den Absturz.

4 Sind die Leinen verdreht, fliege so viele Loopings in entgegengesetzter Richtung, bis sie wieder parallel im Wind stehen.

5 Vermeide Crashs bei der Landung. Fliege den Drachen seitlich aus dem Wind und lass ihn sanft zu Boden gleiten.

WIND DIY
DRACHEN SELBST BASTELN

Einen Drachen zu basteln, hat jeder schon mal versucht. Nur selten ist ein echter Flugdrache entstanden, der Wind bis zur Stärke 5 aushält. Julius zeigt dir, wie das gelingt.

Er zeichnet auf dem Tyvek-Papier, das nicht so leicht einreißt und sich gut verarbeiten lässt, die Umrisse des Drachens vor.

Nun den Drachen ausschneiden, an den Ecken mit Klebeband verstärken und V-förmige Kerben einschneiden.

Für das Gestänge sägt Julius den Holzstab auf ein Mal 100 und zwei Mal 50 Zentimeter zu.

1

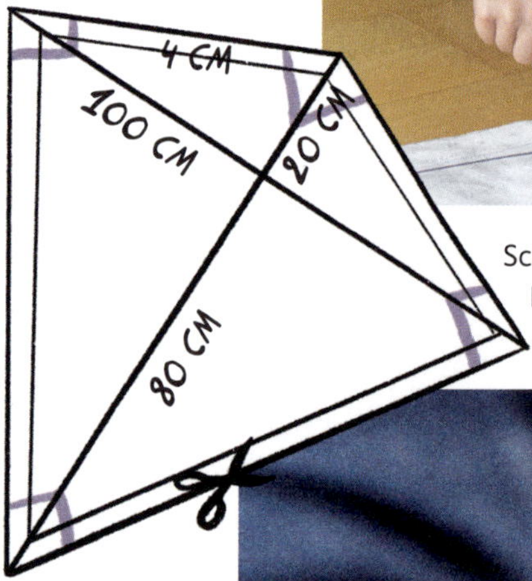

4 CM

100 CM

20 CM

80 CM

Schnur entlang einer Kante spannen, Lasche mit Kleber bestreichen und zusammenfalten.

5

4

Holzstäbe mit Kreuz verbinden und in die Schlauchstücke an den Ecken verankern. Schnur an der unteren Ecke verknoten.

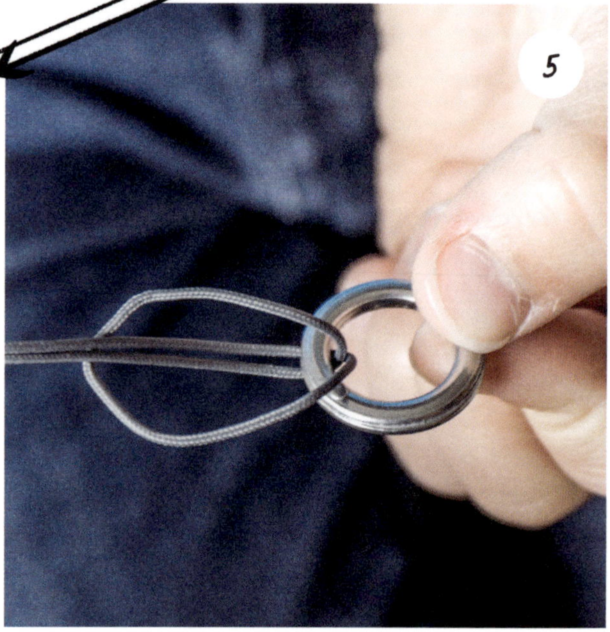

Weitere Schnur an Metallring knoten, Enden an Kreuz und unterem Schlauchstück befestigen. Länge der Schnur und Position des Ringes so einrichten, dass sich der Ring bis zu einer der seitlichen Ecken ziehen lässt.

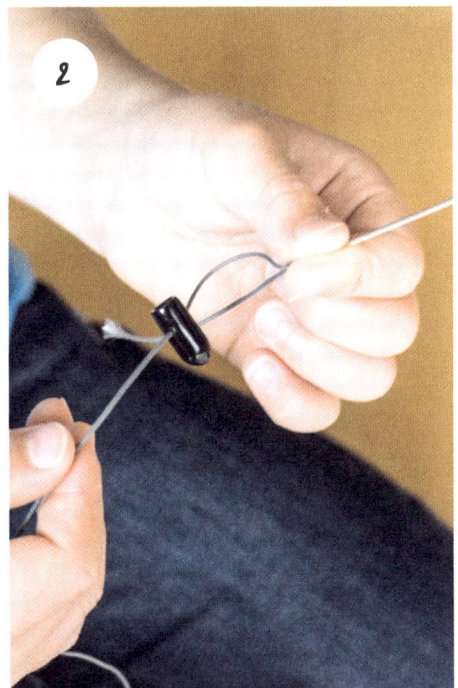

Schnur mit Stopfnadel auf Schlauchstück fädeln, an der unteren Ecke des Drachens positionieren.

DU BRAUCHST:

1,5 m × 1,0 m Tyvek-Papier, 2 m Rundholzstab (∅ 6 mm), 15 cm PVC-Schlauch (Innen ∅ 6 mm), 1 Drachenkreuz mit Flächenwinkel für 6 mm Rundstäbe, 2 m Waagenschnur (∅ 1–2 mm), 1 Aluminium-Waagen-ring (∅ 12 mm), 100 m Polyester-Drachenleine, 1 Wirbelkarabiner, Kraftklebstoff, Gewebeklebeband, Kugelschreiber, Schere, Nähnadel

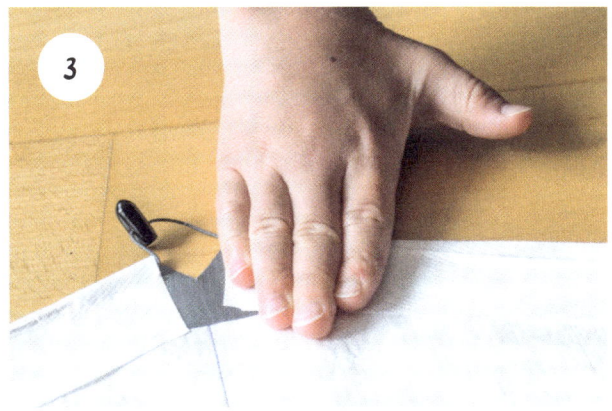

Die anderen Kanten mit der Schnur verkleben, Schlauch-stücke an den jeweiligen Ecken herausschauen lassen.

Wirbelkarabiner mit Drachenleine verbinden und am Ring einhaken.

Zur Stabilisierung des Drachens in der Luft circa fünf Meter Schwanz mit Verzierung an das untere Schlauchstück knoten.

DRACHEN, BASTELSETS, MATERIALIEN UND ANLEITUNGEN GIBT ES HIER:

www.flying-colors.de (Berlin) und
www.hoehenflug.com (Kiel)

STRAND-ABENTEUER

Weißer Sand, Muscheln, Krabben, Strandkörbe, Sandburgen, Beachball, Handtücher, Badesachen, salzige Luft und das rauschende Meer drumherum. Das klingt nach Urlaub und jede Menge Strandabenteuer.

Gehe mit Julius auf den nächsten Seiten auf Forschertour rund um den Strand und erfahre, wo der ganze Sand herkommt, warum er manchmal unter den Füßen quietscht, dass Muscheln richtige Lebewesen sind und was man alles Tolles aus Strandgut basteln kann.

WO KOMMT DER SAND HER?

KÜSTENSAND (GROBE ZUSAMMENSETZUNG)

QUARZKÖRNER
(89 PROZENT)

MUSCHELSTÜCKE
(1 PROZENT)

PLASTIKTEILCHEN (10 PROZENT)
SIEHE AUF SEITE 60, WIE PLASTIK
IN DEN SAND KOMMT

URSPRUNG IM GEBIRGE

Der Sand an der Küste kommt aus den Bergen. Hitze, Frost, Wind und Regen haben über Millionen von Jahren das Gestein der Gebirge abgetragen und fein gemahlen. Über den Regen und die Flüsse wurden die Sandkörner ins Meer gespült. Von dort gelangen sie über die Wellen zurück an die Küsten.

MEERESSPIEGEL

Wenn du tief genug buddelst, stößt du auf Wasser. Steigt der Meeresspiegel bei auflaufendem Wasser, füllt sich dein Loch von ganz alleine.

ANDERE LÄNDER, ANDERE STRÄNDE

An den Stränden der Erde gibt es viele unterschiedliche Sandtypen. Alleine an der Farbe kannst du die Herkunft erforschen. Der Sand an den deutschen Küsten schimmert goldbraun (aus zerkleinertem Quarzgestein). Aber es gibt auch weißen Sand auf den Malediven (aus Korallen gemahlen), schwarzen Sand auf Lanzarote (aus Lava und Vulkanasche entstanden), grünen Sand auf Hawaii (aus Mineralien eines Vulkankegels), lila Sand in Kalifornien (durch Ausspülungen von Mangan aus einem Hügel) und rosa Sand auf Sardinien (mit Fragmenten von Korallen, Granit, Muscheln und Schalen von Krustentieren).

WARUM QUIETSCHT SAND?

Kennst du das? Manchmal quietscht der Sand unter deinen Füßen. Für dieses Naturphänomen muss einiges zusammenkommen:

- Die Sandkörner sind kleiner als 0,5 Millimeter.
- Die Körner sind durch Wasser und Wind rundgeschliffen.
- Im Sand sind keine Muschelstückchen.
- Der Sand ist durch den Wind gut geschichtet und leicht feucht.

Deine Füße drücken die Sandkörner zusammen, und durch die Reibung entstehen die quietschenden Geräusche.

LANZAROTE

HAWAII

KALIFORNIEN

SARDINIEN

WAS FINDET MAN AM STRA

Muscheln bestehen aus einem weichen Körper und einer harten Schale. Was du am Strand findest, sind nur die leeren Schalenhälften. Muscheln sind richtige Lebewesen mit einem Herz, einem Magen und Kiemen. Mit starken Muskeln können sie ihre Schalen fest verschließen. Diese bestehen aus Kalk und wachsen mit der Muschel mit. Wie beim Baum kannst du die Wachstumsringe zählen, um ihr Alter zu bestimmen.

Muscheln sind die „Kläranlage" des Meeres: Sie saugen Wasser ein und filtern daraus Sauerstoff und Plankton.

SANDKLAFFMUSCHEL

Sie wird ziemlich groß, bis zu 15 Zentimeter, und lebt etwa 30 Zentimeter tief im Sand. Sie kann die Schalen nicht ganz schließen, vielmehr klaffen sie ein wenig auseinander.

MIESMUSCHEL

Sie filtert in Rekordzeit: bis zu drei Liter Was pro Stunde schafft sie. Der gesamte Musche bestand reinigt das Wattenmeer der Nordse in weniger als 30 Tagen. Miesmuscheln sind die einzigen Muscheln, die sich nicht im San verstecken, sondern an Steinen, Pfählen ode Seilen leben. Bei Gefahr verschließen sie ihre Schalenhälften ruckartig und können mehrere Wochen in diesem Zustand verharren.

HERZMUSCHEL

Sie lebt im flachen Wasser direkt unter dem Sand. Wenn sie weggespült wird, kann sie sich schnell wieder einbuddeln. Sie filtert ihre Nahrung aus dem Meerwasser, pro Stunde schafft sie etwa ein Liter Wasser. Sie heißt so, weil sie im geschlossenen Zustand von der Seite wie ein Herz aussieht.

? MUSCHELN!

SCHWERTMUSCHEL

Diese Art kommt aus Amerika und wird bis zu 17 Zentimeter lang. Sie lebt in aufrechter Stellung dicht unter der Sandoberfläche . Bis zu 1.500 Tiere leben auf einem Quadratmeter. Bei Gefahr buddelt sie sich bis zu 40 Zentimeter tief in den Boden ein.

ROTE BOHNE

Ihre Schale hat bunte Farbbänder, innen ist sie oft rot. Mit drei Zentimetern Länge ist sie eine der kleinen Muscheln. Sie mag es lieber kälter, ab 15 Grad hört sie auf zu wachsen.

PFEFFERMUSCHEL

Die Schale der Pfeffermuschel ist sehr dünn und zerbrechlich. Die Wachstumsringe sind auf ihrer Oberfläche deutlich zu sehen.

AUSTER

Sie gibt es seit 250 Millionen Jahren. Ihr Fleisch ist eine Delikatesse, schmeckt aber nicht jedem. Auf Sylt werden Austern im Wattenmeer gezüchtet („Sylter Royal").

BAUEN MIT DER NATUR

Ein Baggerschiff saugt Sand vom Meeresboden auf.

Das Schiff koppelt im Meer an das Ende
einer Rohrleitung an.

Der Sand wird durch die Rohrleitung
an Land gepumpt.

„Bauen mit der Natur" ist eine besonders naturverträgliche Technik, bei der Sand mit einem Spezialschiff vom Meeresboden aufgesaugt und dann über eine Rohrleitung an den Strand gepumpt wird. Der Sand wird dort aufgespült, wo die Wellen und die Tidenströmungen ihn im Laufe der Jahre abgetragen haben.

Über mehrere Meter verläuft das Rohr am Strand entlang.

Am anderen Ende des Rohres wird der Sand an den Strand gespült.

Planierraupen verteilen den neuen Sand am Strand.

SPAß BIS ZUR NÄCHSTEN WE

Beim Strandburgenbauen gibt es keine Vorgaben. Erlaubt ist, was gefällt und hält. Manche Schaufel-experten platzieren ihre Bauwerke direkt neben dem Strandkorb, damit sie nicht mit der nächsten Flut weggespült werden.

EIN PAAR TIPPS ERHÖHEN DEN SPAßFAKTOR

1 Vergiss nicht, das Profi-Werkzeug mit an den Strand zu nehmen: große und kleine Schaufel, Eimer, Sprühflasche (zum Nachfeuchten), Spachtel und ein Set Förmchen.

2 Ein festes Fundament ist die halbe Miete. Gieße Meerwasser auf den unteren Wall.

3 Immer von unten nach oben und von innen nach außen bauen.

4 Starte rechtzeig bei Niedrigwasser, damit die Flut dich nicht überrascht.

5 Lass dir von neugierig zuschauenden Kindern beim Buddeln, Wasserholen oder Suchen von Verzierungen (zum Beispiel Muscheln, Federn und Treibholz) helfen. Zusammen macht es mehr Spaß und geht auch noch schneller.

KANALBURG

BURGFESTUNG

.E

WELTREKORD
17,66 METER

WELTREKORD!

Im Sommer 2019 haben 20 Künstler
auf der Ostseeinsel Rügen einen
tollen neuen Rekord aufgestellt.
Sie haben die höchste Sandburg
der Welt gebaut (17,66 Meter) und
dabei 11.000 Tonnen Sand
verwendet.

JULIUS
1,30 METER

GRABENBURG

GRABENBURG MIT BRÜCKE

57

PING PONG AM STRAND

Julius liebt Beachball. Er schlägt den Ball mit Vorhand, Rückhand, Return, Smash und macht die „Becker-Rolle" (Volley im Hechtsprung, benannt nach dem Tennisspieler Boris Becker). Man muss stundenlang mit ihm spielen.

Das solltest du über diesen Klassiker unter den Strandspielen wissen, bevor du es mit Julius aufnimmst:

1. Während Beachball seit den 1950er-Jahren ein netter Zeitvertreib am Strand ist, hat sich in Portugal, Spanien und Frankreich daraus ein sehr beliebter Wettkampfsport entwickelt.

2. Ein Set besteht aus zwei Schlägern und einem Ball und kostet in der einfachen Holzausführung um die 15 Euro.

3. Damit du den Ball während des Spiels besser siehst, nimm am Strand einen dunklen und auf der Wiese einen hellen.

4. Bei Wettkämpfen werden Spielfelder abgesteckt und durch ein Netz geteilt. Gespielt wird wie beim Tennis mit Aufschlag, Seitenwechsel und so weiter.

5. Solltest du Julius in Italien treffen, spiel mit ihm nicht am Badestrand zwischen den Handtüchern. Dann ist ein Bußgeld fällig!

LEGENDÄR: JULIUS' EINBEIN-VOLLEY

AUFSCHLAG IST DAS HALBE SPIEL.

PiA

EXTREM GEFÄHRLICH:
GEGEN-SONNE-LUPFER

VORHAND MIT AUSHOLSCHRITT

SPIEL, SATZ, SIEG

Auf einer Wanderung am Strand findet Julius neben Muscheln auch weiteres „Strandgut". Die Ausbeute ist erschreckend: Glasscherben, Plastiktüten, selbst Jacken und ein Blumenkübel sind vom Meer angespült worden.

Plastikabfälle sind eine große Plage im Meer. Die langlebigen Kunststoffteile werden vom Wind verweht, von Schiffen entsorgt und von Flüssen weitergetragen. Über fünf Millionen Tonnen gelangen so jährlich in die Meere. 70 Prozent des Plastikmülls sinken auf den Boden, 15 Prozent schweben im Wasser und 15 Prozent werden an Land gespült. Das schädliche Plastik kommt über die Nahrungskette zu uns Menschen zurück, da die Meerestiere die winzigen Plastikstücke (unter fünf Millimeter groß) verschlucken.

Besonders tückisch für die Tiere sind die „Geisternetze" aus Kunststoff, die von Fischern über Bord geworfen werden und zur tödlichen Falle für Fische, Robben und Wale werden. Auch Seevögel verheddern sich in den Nylonschnüren und verhungern.

Die meisten Sachen, die Julius findet, landen im Müll. Hierfür stehen am Strand spezielle Gitterboxen bereit, in die man den „Meeresabfall" werfen kann. Andere Fundstücke lassen sich wiederverwerten. Julius zeigt dir auf den nächsten Seiten, wie du daraus coole Ketten, Anhänger und Armbänder basteln kannst.

SCHLÜSSELANHÄNGER
(SIEHE SEITE 64)

2 JACKEN

13 GLASSCHERBEN

2 TREIBHÖLZER

4 PLASTIKTÜTEN

ANDWANDERUNG

MUSCHELKETTE
(SIEHE SEITE 66)

1 FISCHKNOCHEN

2 FISCHERNETZE

1 SCHNAPSFLASCHE

1 BLUMENKÜBEL

ARMBAND
(SIEHE SEITE 67)

1 SEGELTAU

STRANDGUT-DIY

MUSCHELKETTEN

SEGELTAUARMBÄNDER

SCHLÜSSELANHÄNGER

SCHLÜSSELANHÄNGER AUS TREIBHOLZ

DU BRAUCHST:

1 Stück Treibholz, Nylonfaden, Holz- und Muschelperlen,
2 Quetschperlen, Schlüsselkarabiner, Holzklotz, Säge,
Schmirgelpapier, Handbohrer, Zange, Schere

2 SCHLEIFE DIE HOLZENDEN MIT DEM SCHMIRGELPAPIER GLATT.

1 SÄGE EIN STÜCK TREIBHOLZ AB.

5 SCHIEBE DIE BEIDEN FADENENDEN DURCH ZWEI GROSSE HOLZ- UND DIE QUETSCH- PERLEN. ZIEHE SO LANGE AN DEN FÄDEN, BIS DIE PERLEN DICHT ANEINANDER LIEGEN.

3 BOHRE EIN LOCH IN DAS TREIBHOLZ.

4 ZIEHE DEN NYLON-FADEN DURCH DAS LOCH UND FÄDLE DIE PERLEN UND DEN KARABINER DARAUF.

6 DRÜCKE DIE QUETSCHPERLEN MIT DER ZANGE FEST ZUSAMMEN.

MUSCHELKETTE

DU BRAUCHST:

1 Muschel, 1 Faden (Fischernetz, Stoff oder Leder), Holzklotz, Hammer, Dorn, Schere

1 SCHLAGE MIT DEM DORN EIN LOCH IN DIE MUSCHEL.

2 FÄDLE DIE SCHLAUFE DES FADENS DURCH DAS LOCH.

3 STECKE DIE BEIDEN ENDEN DES FADENS DURCH DIE SCHLAUFE UND ZIEHE SIE FEST.

4 MACHE EINEN KNOTEN AM ENDE EINES FADENS, ZIEHE DEN ANDEREN FADEN HINDURCH UND VERKNOTE AUCH DIESEN. SCHNEIDE DIE ZU LANGEN FÄDEN AB.

WENN DU AN DEN FADENENDEN ZIEHST, VERÄNDERST DU DIE KETTENLÄNGE.

DU BRAUCHST:

1 Segeltau (auf Dicke deines Handgelenks zugeschnitten),
2 magnetische Endkappen, Alleskleber

1 FÜLLE KLEBER
iN DiE ENDKAPPEN
UND LASSE iHN
ANTROCKNEN.

2 GiB EiNEN TROPFEN
KLEBER AUF DiE
TAUENDEN, AUCH
ANTROCKNEN LASSEN.

3 STECKE DiE ENDEN DES TAUS
iN DiE KAPPEN UND LASSE
DEN KLEBER TROCKNEN.

4 DiE MAGNETE SCHLiESSEN
DAS ARMBAND UM DEiN
HANDGELENK.

Auf dieser Seite sind sieben Strandgut-DIY versteckt. Findest du sie?

Lösung auf Seite 96

EMiLiA

AUSFLUG IN DIE DÜNEN

Wenn du denkst, Dünen sind nur Sandberge, hast du auf den ersten Blick natürlich recht. Aber du solltest sie nicht unterschätzen, denn sie haben viele positive Eigenschaften!

Dünen gibt es nicht nur an der deutschen Küste, sondern sie halten auch die Kälte in der Eiswüste und die Hitze der Tropen aus. In Afrika gibt es Exemplare, die schon 20 Millionen Jahre alt und versteinert sind. Die Dünen in Deutschland sind schon recht hoch, doch es gibt auch welche, die sind größer als Wolkenkratzer. „Big Daddy" in der Wüste Namib gilt mit über 350 Metern als eine der höchsten Dünen der Welt. Die meisten Dünen sind eher von stiller Natur. In den Wüsten gibt es allerdings auch welche, die Geräusche wie ein Brummen, Stöhnen oder Donnern von sich geben oder wie ein Nebelhorn oder ein Propellerflugzeug klingen. Dieser „Gesang" entsteht durch abrutschende Sandlawinen.

STÄNDIG IN BEWEGUNG

Dünen leben! Sie verändern ihre Größe und Form. Eigentlich sind es nur Sandhaufen, aber durch den starken Wind am Meer bleiben die Dünen ständig in Bewegung.

Manche Dünen wandern sogar richtig, wenn der Wind häufig aus derselben Richtung weht. Auf der Nordseeinsel Sylt gibt es die größte Wanderdüne Deutschlands. Sie ist 1,5 Kilometer lang, 500 Meter breit und etwa 30 Meter hoch. Und wandert drei bis vier Meter jedes Jahr. Damit sie nicht irgendwann einmal ins Meer abwandert, hat man sie mit Strandhafer bepflanzt.

An der Farbe erkennt man das Alter der Düne. Das hängt mit den Pflanzen zusammen, die sich dort angesiedelt haben. Je älter die Düne wird, desto dunkler sieht sie aus: von der Vordüne über die Weiß- bis zur Grau- und Braundüne. Achte bei deinem nächsten Ausflug mal darauf.

1

DER WIND WEHT EIN HÄUFCHEN SAND HINTER EINER MUSCHEL ZUSAMMEN.

4 IM LAUFE DER ZEIT WÄCHST EINE DÜNE HERAN, DIE SICH DURCH WIND UND REGEN STÄNDIG VERÄNDERT.

3

2

EINE PFLANZE VERANKERT DARIN IHRE WURZELN. DER SANDHAUFEN WIRD GRÖSSER.

STRANDHAFER SIEDELT SICH AN. MIT SEINEN BIS ZU 12 METER LANGEN WURZELN HÄLT ER DEN SAND GUT FEST.

DÜNEN ERFORSCHEN

HAGEBUTTEN

Hagebuttentee kennt jeder. Aber wusstest du, dass man aus den roten Früchten auch Marmelade herstellen kann? Und Wein? Die Schweden kochen daraus eine süße Suppe. Hagebutten sind sehr gesund, sie haben viel Vitamin C und wertvolle Mineralstoffe. Reif sind sie im Oktober.

ISS WAS GESUNDES

Pflücke eine reife Frucht vom Strauch und drücke das Fruchtmark am Stiel-ende vorsichtig heraus. Achte darauf, dass die kleinen Kerne in der Hülle bleiben, denn sie haben feine Härchen mit Widerhaken.

MACH JUCKPULVER SELBST

Kratze die Kerne mit einem Teelöffel aus der Frucht und trockne sie in einer Schüssel. In der Sonne oder auf der Heizung dauert das vier, sonst acht Stunden. Fülle die Kerne in einen Beutel und schütte sie einem Freund als Streich in den Kragen. Aber achte darauf, dass er nicht allergisch ist. Sonst juckt es ihn nicht nur ein bisschen, sondern er bekommt einen Ausschlag.

WILDKANINCHEN

Sie sind gesellige Tiere. Ein Weibchen bringt pro Jahr über 30 Junge zur Welt. Sie leben in den Dünen, buddeln bis zu 45 Meter lange Gänge, die bis zu drei Meter tief in die Erde gehen. Vor ihren Höhleneingängen findet man kleine harte Kügelchen, ihren Kot. Kaninchen fressen Gräser, Kräuter und Blätter.

Ihre Feinde sind Füchse und Greifvögel – nur davon gibt es an der deutschen Küste nicht viele. Deshalb vermehren die Tiere sich schnell. Alleine auf Norderney leben rund 40.000 Kaninchen. So niedlich sie aussehen, so bedrohlich können sie in großen Kolonien für Dünen, Deiche und Pflanzen werden. Jäger versuchen den Bestand mit Schrotflinten und abgerichteten Habichten zu reduzieren. Aber Kaninchen sind schlau: Droht Gefahr, pfeifen sie laut und trommeln mit ihren Hinter-läufen auf die Erde und warnen so andere Kaninchen.

Trotz des sandigen Bodens ist die Artenvielfalt in den Dünen immens: So gibt es dort alleine 400 Insektenarten auf den 25 häufigsten Pflanzen. Der Strandflieder ist Heimat für den Strandfliederrüsselkäfer, der nur auf ihm leben kann.

Packe Proviant in den Rucksack, ziehe feste Schuhe an, creme dich gut mit Sonnenschutz ein und auf geht's in die Dünen. Julius stellt dir seine persönlichen „Dünenpromis" vor.

SANDDORN

Sanddorn ist ein typisch norddeutsches Gewächs. Es wird auch „Zitrone des Nordens" genannt, da die orangenen Früchte sehr viel Vitamin C enthalten. Sogar zehnmal soviel wie die Zitrone selbst.

Die Pflanze schafft es dennoch, auf dem kargen Dünensand zu überleben. Dabei helfen ihr einerseits ihre Wurzeln, die sich bis zu drei Meter tief und zwölf Meter seitlich erstrecken können, und andererseits ihre Herkunft, die karge Hochebene von Nepal im Himalaya-Gebirge.

STRANDHAFER

Er wächst auch auf sandigen Böden mit wenig Nährstoffen. Der Strandhafer schützt die Dünen vor Verwehungen. Mit seinen dichten Wurzeln und dem kräftigen Gras, das bis 1,20 Meter hoch wachsen kann, eignet er sich ideal für den Küstenschutz.

An der deutschen Küste ist es verboten, die Dünen zu betreten. Das hängt damit zusammen, dass man mit seinen Füßen kleine Rillen hinterlassen würde, aus denen der Wind den Sand wegblasen und die Wurzeln des Strandhafers freilegen könnte. In der Folge würde der Strandhafer eingehen.

STRANDFLIEDER

Man findet ihn am Rand der Dünen in den Salzwiesen. Da er häufig vom Meerwasser überspült wird, hat sich der Strandflieder auf das Salzwasser eingestellt. Er scheidet das Salz über spezielle Drüsen auf den Blättern aus, sodass der Regen es wegspülen kann.

Der Strandflieder ist in den letzten Jahren seltener geworden, sein Bestand gilt als gefährdet. Gründe hierfür sind der Bau von Deichen, längere Überflutungen aufgrund des Meeresspiegelanstiegs und Touristen, die ihn pflücken. Also Finger weg vom Strandflieder!

AUSTERNFISCHER

Man erkennt ihn am roten, langen Schnabel, dem er seinen Spitznamen „Ostfriesenstorch" verdankt. Austern mag er aber nicht, ebenso wenig das Fischen – obwohl er ein guter Schwimmer ist und 15 Meter weit tauchen kann! Lieber stochert er mit seinem Schnabel im Schlick nach Würmern, Muscheln, Krebsen und Schnecken.

Im Watt sucht er nach Nahrung, in den Dünen brütet er.

Der Austernfischer ist auf den Färöer Inseln der Nationalvogel.

Auf dem Dünenweg entdeckt Julius
eine kleine, leichte, weiße Kugel. Erst
denkt er, es sei ein verschrumpelter
Marshmallow. Beim Erforschen erkennt er einen Pilz. Es handelt sich
um einen Bovist aus der Familie
der Champignons. Aber Vorsicht —
er kann giftig sein.

DÜNEN

1 Bleibe auf den Wegen, die durch Holzpfähle gekennzeichnet sind.

2 Dünen sind kein Strand – baue deine Sandburgen am Meer.

3 Zelten verboten! Wenn du am Meer schlafen möchtest, miete dir einen Schlaf-Strandkorb.

4 Strandflieder sieht toll aus, den und andere Dünengewächse darfst du aber nicht pflücken – Schnuppern ist natürlich erlaubt.

5 Halte dich von toten Tieren fern. Die Natur regelt das alleine.

6 In den Dünen brüten viele Vögel. Lass sie sich in Ruhe um ihren Nachwuchs kümmern. Mit dem Fernglas kannst du sie dir von Weitem anschauen.

7 Wirf nichts weg und sammle Abfall auf den Wegen ein.

8 Wenn du mit einem Hund unterwegs bist, leine ihn an.

9 Lass keinen Drachen steigen. Die Vögel nehmen ihn als Greifvogel wahr und geraten in Panik.

DÜNEN-DIY

LEG DEIN EIGENES SANDDORNBEET AN!

Sanddorn ist an der Küste sehr beliebt.
Man findet dort fast überall Produkte
dieser Vitamin-C-Bombe: Kräuter- und
Früchtetees, Nektar, Marmelade, Bonbons
und Schokolade.

Gesund und lecker – das ist eine gute
Kombi, findet Julius und beschließt, Sanddorn zu Hause im Garten zu pflanzen. Hier-
zu hat er sich im Urlaub ein paar Triebe aus
einer Sanddornhecke geschnitten.

1 SCHNEIDE 20 ZENTIMETER LANGE ZWEIG
VON EINER SANDDORNHECKE AB.

4 SETZE DIE STECKLINGE MIT MINDES-
TENS EINEM DRITTEL IHRER LÄNGE
IN EIN BEET MIT MUTTERERDE.

5 BEGIESSE DAS BEET GUT MIT WASSER.

2 STELLE DIE ZWEIGE IN GLÄSER MIT WASSER GEFÜLLT AUF DIE FENSTER-BANK.

3 NACH ZWEI WOCHEN KÖNNEN DIE STECK-LINGE EINGEPFLANZT WERDEN.

6 NACH 3 MONATEN SIND AUS DEN STECKLINGEN KLEINE BÜSCHE GEWORDEN.

7 NÄCHSTES JAHR IM SEPTEMBER KANNST DU DIE ERSTEN FRÜCHTE ERNTEN. ZIEH HANDSCHUHE WEGEN DER DORNEN AN.

TIPP VOM PROFI

Die Profis haben eine Erntemethode entwickelt, bei der man sich nicht an den Dornen die Finger sticht. Sie schneiden die Zweige vom Busch, lassen sie bei – 38 °C schockgefrieren und holen mit einer Rüttel-maschine die Beeren von den Zweigen.

WATT-
WELTEN

Das Watt ist ein ganz besonderer Lebensraum.
Im Rhythmus der Gezeiten ist es entweder
von Meerwasser überflutet oder liegt trocken.
Die Tiere und Pflanzen haben sich an diesen
Wechsel angepasst. Zwischen Watt und Düne
findet man Salzwiesen, die auch regelmäßig
unter Wasser stehen.

Das Watt an der Nordsee ist mit annähernd
11.500 Quadratkilometern das größte Wattenmeer der Welt. Es steht unter Naturschutz und
wurde durch die UNESCO zum Weltnaturerbe
erklärt.

DA KITZELT GANZ SCHÖN

Die Artenvielfalt im Wattenmeer ist riesig: Es gibt neben 60 unterschiedlichen Vögeln und 50 Fischen mehr als 600 Algen-, 400 Wurm- und 50 Krebsarten.

WATTWURM

Dieser Wurm ist ein wichtiger Bestandteil des Wattenmeers, denn er filtert aus dem Sand organische Stoffe. Pro Jahr reinigt er so 25 Kilogramm Sand. Der Wattwurm ist sehr gesellig: Man findet etwa 100 Artgenossen auf einem Quadratmeter.

Bei Niedrigwasser gehen die Austernfischer auf die Suche nach spaghettiförmigen Sandhaufen, unter denen die Wattwürmer leben. Erwischt ein Vogel einen Wurm, kann dieser sich oft retten, indem er ein bis zwei Zentimeter seines hinteren Endes abstößt und tiefer in seine Röhre im Sand flüchtet.

QUELLER

Salzwasser ist schädlich für Pflanzen – aber nicht für den Queller, der in der Salzwiese lebt. Er kann das Salz des Meeres in seinen Stängeln ablagern und quillt dabei auf.

Damit seine Samen keimen, braucht er im Frühling Frischwasser (Regen). Nach dem Keimen verträgt er das Meerwasser. Im Herbst färben sich seine Blätter gelb, orange und rot, und er stirbt ab. Dabei werden bis zu 10.000 Samen pro Pflanze frei, auf die sich die Vögel freuen. Die Samen, die im Frühling noch übrig sind, warten zum Keimen wieder auf den Regen.

STRANDSCHNECKE

Sie lebt in der Nähe von Muschelbänken, Buhnen und Molen zu mehreren 100 Artgenossen pro Quadratmeter. Mit ihrer Zunge raspelt sie dort Keime und Schadstoffe von Algen und Tieren und hilft diesen dabei zu überleben.

Bei Ebbe zieht sie ihr ein bis zwei Zentimeter großes Gehäuse dicht an den feuchten Untergrund. Auch bei bis zu vier Wochen Trockenheit kann sie überleben, indem sie ihr Haus mit einem hornigen Deckel, den sie auf ihrem Fuß trägt, verschließt. Durch einen winzigen Spalt kann sie atmen.

PFEFFERMUSCHEL

Sie buddelt sich bis zu 15 Zentimeter im Schlick ein. Von dort fährt sie lange Röhren bis zur Oberfläche aus, atmet dadurch und saugt Nahrung aus dem Wattboden auf. Du erkennst sie an sternförmigen Fraßspuren im Watt.

Bis ins 19. Jahrhundert hat vor allem die ärmere Bevölkerung in Südfrankreich die Muschel gegessen. Wegen ihres scharfen Beigeschmacks wurde sie Pfeffermuschel genannt. Heute wird sie nicht mehr befischt.

STRANDKRABBE

Die Strandkrabbe ist der bekannteste Krebs im Watt. Bis die Jungkrabben (0,5 Zentimeter) ihre endgültige Größe (bis zu acht Zentimeter) erreicht haben, streifen sie ihren Panzer fünfmal ab, da dieser nicht mitwächst.

Das dauert je rund 15 Minuten. Der leere Panzer wird an den Strand gespült. Nach der Häutung schluckt die Krabbe Wasser und bläht sich auf, um die neue weiche Hülle zu weiten. Nach drei bis vier Tagen ist der neue Panzer dann gehärtet.

BLASENTANG

Der Blasentang ist eine Braunalge, die 10 bis 30 Zentimeter lang wird. Er lebt im Wattenmeer, besiedelt dort Steine und Felsen und gibt wiederum anderen Lebewesen wie Krebsen, Muscheln und Algen Heimat.

Aufgrund des Klimawandels ist der Bestand an Blasentang in den letzten Jahren an der Ostsee drastisch zurückgegangen. Die Erwärmung und Versauerung des Wassers schwächen sein Immunsystem, sodass sich mehr Algen auf ihm ansiedeln. Die Fische, die diese Algen fressen, schaffen die Menge nicht mehr, sodass der Blasentang erstickt.

SEERINGELWURM

Sein Körper wird bis zu 20 Zentimeter lang und besteht aus Borsten, mit denen er sich fortbewegt. Er hat einen ausgeprägten Kopf mit Augen, einem Mund (je fünf bis acht Zähne), Antennen und Tastern. Als Allesfresser ernährt er sich von pflanzlichen und tierischen Materialien und ist selbst eine wichtige Nahrung für Fische und Seevögel. Für Meeresangler ist er ein beliebter Köder.

Er wird aufgrund seiner glänzenden Körperfarbe, die gelb, grün, orange oder rötlich-braun sein kann, auch „Schillernder Seeringelwurm" genannt.

BÄUMCHENRÖHRENWURM

Er lebt in einer aus Sandkörnern und Muschelstückchen selbstgebauten Wohnröhre mit einer bäumchenhaften Krone. Die Röhre ist bis zu 40 Zentimeter lang und ragt etwa zwei Zentimeter aus dem Meeresboden heraus.

Der Wurm trägt am Kopf ein dichtes Büschel aus etwa 100 feinen Tentakeln. Bei Ebbe zieht er sich tief in seine Röhre zurück. Bei Flut krabbelt er die Röhre hinauf, fährt seine Tentakel auf eine Länge von zwölf Zentimetern aus der Krone heraus und filtert damit Plankton aus dem Wasser.

4 TIPPS FÜR WATTENTDECKER

MAL SO RICHTIG IM SCHLICK WATEN

Schlick ist matschig, nass, warm, glitschig, geschmeidig ... er riecht streng, macht Spaß, tut gut.

Erlebe das Watt! Nix wie rein mit beiden Beinen! Wenn du eine Weile auf derselben Stelle trittst, merkst du, wie du langsam einsackst. Bis du knietief im Watt stehst und ohne Hilfe nicht mehr rauskommst. Deshalb niemals eine Wattwanderung ohne Watt-führer machen!

DEN KREBSGANG BEOBACHTEN

Nimm eine kleine Krabbe auf die Hand – keine Angst, sie beißt nicht – und beobachte, wie sie läuft. Seitlich! Warum? Das hängt mit ihren Beinen zusammen: Sie hat acht Beine, die beim Laufen schwer zu koordinieren sind. Seitwärts geht das leichter und dadurch ist sie auch viel schneller.

Vor hungrigen Möwen verstecken sich die Jungkrabben in Muschelbänken oder unter Algen. Die älteren Tiere versuchen es im Krebsgang bzw. -lauf. Sind sie nicht schnell genug, werden sie von den Möwen gepackt, aus 20 Meter Höhe fallen gelassen, damit der Panzer zerschellt, und aufgepickt. Erwischen die Möwen nur ein Bein oder eine Schere, wachsen diese wieder nach.

SCHON MAL MEERESSPARGEL PROBIERT?

Queller wird auch „Meeresspargel" genannt. Und in der Tat ist diese salzige Pflanze essbar. Probiere es aus und zerkaue die Stängel! Keine Sorge, man kann sie essen, sie schmecken salzig. Eigentlich könnte man sie auch „Meeressalzstangen" nennen.

DIE WÜRMER DES WATTS KENNENLERNEN

Der Wattwurm lebt in einer U-förmigen Röhre im Boden mit zwei Ausgängen zur Oberfläche. Rutscht durch ein Loch Sand in die Röhre, frisst er diesen, filtert winzige Nahrungsstückchen heraus und drückt den gereinigten Sand durch das andere Loch an die Oberfläche. Du erkennst den Ausgang seiner Höhle an den „Sandspaghetti" auf dem Wattboden.

Buddel unter diesen Sandhäufchen circa 30 Zentimeter tief nach Wattwürmern und lege vorsichtig einen auf deine Hand. Nach einer Weile siehst du eine gelbe Flüssigkeit – er hat gepieselt. Du brauchst ihn nicht wieder einzugraben, er macht das von ganz alleine, wenn du ihn sanft wieder auf den Boden legst.

WATT-DIY
GESICHTSMASKE AUS SCHLICK

Wer schön sein will ... geht ins Watt. Julius will seine Schwester überraschen und macht aus Schlick eine feine Gesichtsmaske. Die kommt extrem gut an!

Kein Wunder, denn sie enthält lebenswichtige Mineralstoffe wie Kalzium, Kalium, Phosphor und Schwefel. Schlick wird auch „Heilerde des Meeres" genannt. Er hilft unter anderem bei der Behandlung der Hautkrankheiten Neurodermitis und Schuppenflechte.

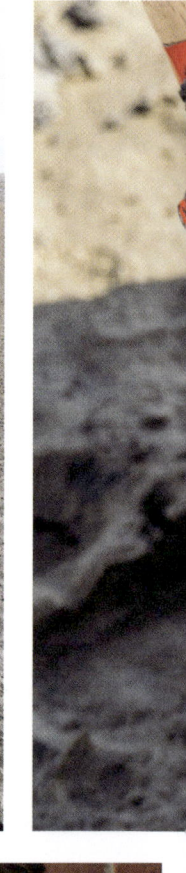

1 IM WATT EIN LOCH BUDDELN.

4 ZUM TROCKNEN GUT VERTEILEN.

5 AM NÄCHSTEN TAG SCHLICK SIEBEN.

2 SCHLICK IN GLÄSER FÜLLEN.

3 SCHLICK AUF EIN BACKBLECH LEGEN.

6 WASSER IM VERHÄLTNIS 1:1 HINZUGIEßEN UND ALLES VERRÜHREN.

EMILIA

7 AUFTRAGEN, 20 MINUTEN EINWIRKEN LASSEN.

DAS GAB'S AM MEER

JULIUS FORSCHT WEITER ...

Der erste Schritt in die Freiheit, Grenzen überschreiten, volle Pulle den Berg runtersausen, Adrenalin pur – das Fahrrad macht's möglich.

Für das Fahrrad interessieren sich alle Mädchen und Jungs: Welcher Radtyp passt zu mir? Welche Ausrüstung brauche ich auf einer Fahrradtour? Wie kann ich mein Rad schöner und cooler machen?

Diesen und anderen Fragen geht Julius in seinem Buch „Julius forscht – Rund ums Rad" auf den Grund. Dabei erklärt er Sachverhalte, führt spannende Experimente durch, lädt zu Entdeckungen ein und gibt jede Menge Basteltipps.

Erscheint im
Mai 2020

Michael König
JULIUS FORSCHT – RUND UMS RAD
Forschen, Entdecken, Basteln
96 Seiten, 19 × 24,5 cm, Flexcover
15,00 € (D) | 15,50 € (A)
ISBN 978-3-98145-668-4

IMPRESSUM

© 2020 Olivia Verlag München
1. Auflage 2020

Olivia Verlag e. K.
Frickastraße 14
80639 München

olivia-verlag.de
julius-forscht.de

Der Autor hat dieses Buch nach bestem Wissen und
Gewissen erarbeitet. Alle Texte, Tipps und Ratschläge
sind mit Sorgfalt ausgewählt, recherchiert und geprüft.
Eine Haftung des Verlages und seiner Beauftragten
für alle erdenklichen Schäden an Personen, Sach- und
Vermögensgegenständen ist ausgeschlossen.

Dieses Buch ist auf veganem Papier aus nachhaltiger
Waldwirtschaft gedruckt, klimaneutral hergestellt und
der Umwelt zuliebe nicht in Plastikfolie eingeschweißt.

ISBN 978-3-98145-666-0

Texte und Fotos
Michael König

Redaktion
Michael Albrecht

Lektorat
Jürgen Albrecht, Kirsten Albrecht, Mathilde Albrecht,
Mucki Reents, Andrea Schefold

Weitere Fotos
istockphoto: S. 17 mauribo, S. 18 AlexeyKonovalenko,
pomarinus, S. 19 EddWestmacott, neiljlangan,
xefstock, S. 21 bartvdd, anela, S. 32 dirkpurz, S. 35
Dgwildlife, BoukeAtema, Schrempf, S. 51 barsik,
S. 51 chinaface, S. 74 Animaflora | Sascha Wolters:
S. 10 | SkySails Group: S. 33 | unsplash: S. 51 Kalen
Emsley, Jonathan Andreo, Kees Streefkerk

Bauanleitung für den Drachen Eddy
Stefan Schneider – hoehenflug.com

Gestaltung und Illustrationen
Andrea Wong – andreawong.de

Druck und Bindung
Print Consult – printconsult.de

Sieben Strandgut-DIY sind versteckt: